Historia de Estados Unidos

EXPLORACIÓN DE LOS

TERRITORIOS DE ESTADOS UNIDOS

Escrito por LINDA THOMPSON

Rourke
Educational Media

rourkeeducationalmedia.com

www.rourkeeducationalmedia.com

Edited by Precious McKenzie

Cover design by Nicola Stratford, bdpublishing.com

Interior layout by Tara Raymo

Translation and composition for the Spanish version by Cambridge BrickHouse, Inc.

Thompson, Linda
Exploración de los territorios de Estados Unidos / Linda Thompson.
ISBN 9781621697145 (soft cover - Spanish)
ISBN 9781621699972 (e-Book - Spanish)

Also Available as:
ROURKE'S
e-Books

Rourke Educational Media
Printed in the United States of America,
North Mankato, Minnesota

Rourke

rourkeeducationalmedia.com
customerservice@rourkeeducationalmedia.com • PO Box 643328 Vero Beach, Florida 32964

Contenido

Capítulo 1

Más allá de los 48 estados

A medida que Estados Unidos emprendió su avance hacia el oeste después de la Guerra de Independencia, agregó estados nuevos de acuerdo a un modelo determinado. Cada nueva sección de frontera se hizo **territorio** de EE. UU. Cuando 5,000 hombres libres vivían allí, podían formar un gobierno local. Se podían formar hasta cinco estados de cada territorio, pero se requerían 60,000 residentes para calificar para la estadidad. Los ciudadanos de los estados nuevos tenían los mismos derechos y libertades que los demás ciudadanos de EE. UU., incluso el derecho de juicio por jurado y el de educación pública. Este proceso se estableció por la **Ordenanza del Noroeste** que ratificó el Congreso en 1787.

Sin embargo, desde finales del siglo XIX, la nación había adquirido varios territorios que no habían llegado a ser estados. Desde ese momento, Estados Unidos posee más territorios que cualquier otro país, y gobierna la vida de más de 4.6 millones de personas que habitan los mismos.

La playa Jobos, cerca de Isabela, Puerto Rico, es una de las mejores playas para aprender surf debido a las grandes olas en una zona de baja profundidad.

Territorios de EE. UU. en el Mar Caribe

Muchos de estos territorios son islas en el Mar Caribe o en el océano Pacífico. Entre ellos están: Puerto Rico, las Islas Vírgenes, Guam, las Islas Marianas del Norte y Samoa Americana. Estados Unidos tiene "**convenio**s de asociación" libre con los Estados Federados de Micronesia, la República de las Islas Marshall y la República de Palau. Además, varias islas o grupos de islas donde no vive nadie son "posesiones de EE. UU".

Algunas naciones que ahora son independientes fueron posesiones de EE. UU. Cuba y las Islas Filipinas, "premios" de la Guerra Hispanoamericana, por ejemplo, se independizaron hace años. Alaska y Hawai, antiguos territorios, se incorporaron a la unión como los estados número 49 y 50 en 1959, después de una intensa lucha por largo tiempo.

El Canal de Panamá es el canal marítimo que conecta el océano Atlántico con el océano Pacífico. Tiene una extensión de 48 millas (77 kilómetros).

Estados Unidos llegó a ser una potente fuerza colonial como resultado de la Guerra Hispanoamericana. También, por esta guerra, se unió la nación y se reparó el enorme daño a la autoestima nacional que causó la Guerra Civil. El presidente William McKinley se aseguró de que se nombraran a antiguos oficiales de la **Confederación** en puestos de alto nivel. Los oficiales y los soldados del sur se alistaron como voluntarios con mucho entusiasmo para demostrar su patriotismo y su valor. Aunque muchos norteamericanos se manifestaron en contra de lo que, desde su punto de vista era una tendencia no democrática, el extenderse hasta lugares lejanos, en general, renació un sentimiento de **nacionalismo** por todo el país. La construcción del Canal de Panamá (que se completó en 1914) también aumentó el orgullo nacional.

Aunque la gente en algunos de los territorios son ciudadanos de EE. UU., no pueden votar por el presidente, y tienen derechos restringidos. En general, los súbditos en los territorios viven a miles de millas de las costas americanas, y son mucho más pobres que los ciudadanos de cualquier estado. Las economías de muchos territorios dependen del gasto militar de EE. UU. y del turismo para mantenerse bien.

Capítulo 2
La incorporación de otros dos estados

En el siglo XIX, la mayoría de los americanos opinaban que Alaska era una "nevera" inservible. Allí vivían unos 40,000 nativos americanos que incluían los aleutos en las Islas Aleutianas, los inuits (o esquimales) en el lejano norte y los tlingits en la región del suroeste. Casi la cuarta parte del estado está al norte de Círculo Polar Ártico, donde la mayor parte del

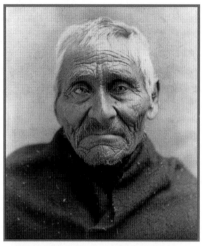

Los tlingit eran pescadores que que vivían de los peces y mamíferos marinos que capturaban.

suelo permanece congelado, y la luz del día no se ve durante meses. La temperatura promedio en las áreas norteñas de Alaska oscila entre 10 °F (-12 °C) en el verano ¡y más baja que -60 °F (-51 °C) en los meses invernales!

La ropa hecha de piel de caribú ayudó a los inuits a sobrevivir al frío extremo.

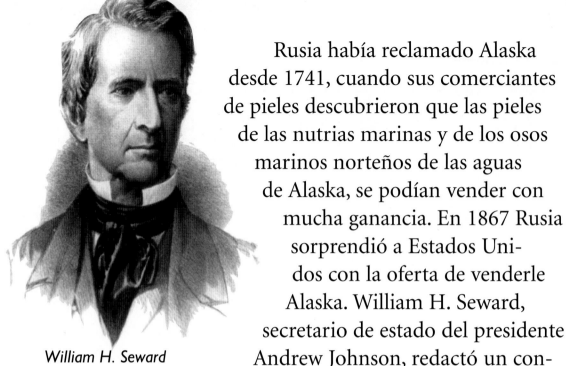

Rusia había reclamado Alaska desde 1741, cuando sus comerciantes de pieles descubrieron que las pieles de las nutrias marinas y de los osos marinos norteños de las aguas de Alaska, se podían vender con mucha ganancia. En 1867 Rusia sorprendió a Estados Unidos con la oferta de venderle Alaska. William H. Seward, secretario de estado del presidente Andrew Johnson, redactó un convenio para la compra.

*William H. Seward
(1801–1872)*

El Congreso no se entusiasmó. Solo unos cientos de norteamericanos —principalmente mineros— habían ido

a Alaska. La gente pensaba que Seward era un tonto y que tan solo considerar la compra ya era una locura. La propuesta se llegó a conocer como "el desatino de Seward". A pesar de todo, el Senado votó a favor de la compra, y el 14 de julio de 1868 la Cámara de Representantes asignó $7.2 millones para comprar Alaska.

Andrew Johnson (1808–1875)

Debido a su limitado número de habitantes, la infantería administró Alaska como un "distrito aduanal y militar". Empresas del comercio de pieles y fábricas de conservas de salmón empezaron a hacer negocio. No llevaron pobladores porque podían ocupar a los nativos o a trabajadores estacionales. A la empresa Alaska Commercial Company (ACC) se le dio un **monopolio** por 20 años en el comercio de los osos marinos. Para 1895, la sociedad anónima Alaska Packers Association, de San Francisco, controlaba el 90% del negocio de fábricas de conservas. Por lo tanto, el desarrollo económico se alcanzó sin aumentos en la población. Para 1880, de los 33,426 habitantes de Alaska, únicamente 430 no eran nativos.

Los inuit intercambiaban pieles por muchos productos, como armas de fuego y municiones, herramientas de metal y tabaco.

Klondike fue el escenario de la obra teatral Heart of the Klondike *(El corazón de Klondike), escrita por Scott Marble en 1897. Esta imagen es de un cartel que anuncia la obra.*

Tras el descubrimiento de oro en el suroeste de Alaska, llegaron otros centenares de pobladores, entre ellos, algunos misioneros. En 1896 se descubrió otro yacimiento de oro, y llegaron 40,000 mineros americanos a la región de Klondike en Alaska y Canadá. Este descubrimiento causó una disputa entre Estados Unidos y Gran Bretaña sobre la frontera. Se resolvió a favor de Estados Unidos en 1903.

JACK LONDON

En 1897, el escritor estadounidense Jack London se fue a Alaska a hacer fortuna. En lugar de oro, halló centenares de aventuras que dieron lugar a novelas y cuentos, que llegaron a ser luego muy leídos. Libros como *El llamado de la selva* (1903) y *Colmillo Blanco* (1906) fascinaron a sus lectores, y les enseñaron acerca de ese "norte gélido".

En 1898 y 1899, se encontró más oro en Nome, en la Península Seward, y el número de habitantes pronto llegó a 12,488. Para 1900, la población de Alaska era de 363,592, con 48% de origen no nativo. En 1898 el Congreso extendió la Ley de concesión de territorios de 1862 para incluir Alaska. Esta acta le dio 160 acres (65 hectáreas) de tierra a cada poblador que viviera en ella y la mejorara durante, por los menos, cinco años. En 1906 el "distrito" fue nombrado "territorio". Entonces se le permitió a Alaska enviar un delegado al Congreso pero sin derecho a votar.

El lavado de oro en Nome, Alaska, era más fácil que en otros lugares porque gran parte del oro yacía en la playa.

La infantería construyó fuertes y un sistema de telégrafo a lo largo de río Yukon. Ya en 1905, un asentamiento en el norte, Fairbanks, era el pueblo más grande. Los inversionistas invirtieron mucho dinero en los ferrocarriles, las minas y empresas de barcos de vapor. En 1912, el Congreso les permitió a los votantes de Alaska elegir una legislatura del estado, aunque no podía regular los recursos o cambiar el sistema de impuestos. La mayoría de las empresas eran propiedad de personas de afuera de la región, que no querían los impuestos ni la regulación que la estadidad aportaría.

Refugio Nacional de la Fauna del Delta del Yukon, en el suroeste de Alaksa.

A principios del siglo XX, se construyó el ferrocarril de Alaska, se fundó Anchorage, y empezó la minería del cobre. Se fundó el Parque Nacional Monte McKinley en 1917. Se hizo popular la caza mayor (caribú, alce americano, oso y borrego cimarrón). El salmón enlatado llegó a ser un alimento de exportación importante, que se exportó a Europa durante la Primera Guerra Mundial (1914-1918). Los ciudadanos de Alaska proveyeron 6.6 millones de cajas de salmón en 1918, con un rédito de $51 millones. La minería del carbón también llegó a ser una industria clave.

Sin embargo, después de la Primera Guerra Mundial, estos mercados en su mayor parte desaparecieron, la **inflación** hizo que Alaska se convirtiera en un lugar donde hacer negocio costaba caro. La población del territorio bajó de 64,356 en 1910 a 55,036 en 1920. A medida que se desarrolló la industria petrolera, la manufactura y las fuerzas armadas cambiaron del uso del carbón al uso del petróleo. La economía de Alaska sufrió una contracción. Se salvó solamente debido al gasto militar, por acercarse la Segunda Guerra Mundial.

Las fábricas de conservas de salmón eran por lo general propiedad de empresas fuera de Alaska y solían traer inmigrantes chinos como trabajadores.

A medida que la agresión japonesa se convirtió en amenaza mundial en la década de 1930, los líderes políticos y militares instaron al Congreso a que se construyeran más bases en Alaska, por estar cerca de Rusia

La Base naval de Dutch Harbor y el Fuerte Meras, bahía de Unalaska, eran importantes para la defensa costera durante la Segunda Guerra Mundial.

y Japón. Solo para campos de aviación, se designaron $48 millones en 1940 y 1941. Familias militares se mudaron y en 1943, ¡la población había aumentado a 233,000! El centro de la ciudad cambió del suroeste de Alaska, donde la pesca y la minería del oro habían prevalecido, al corredor de ferrocarril entre Anchorage y Fairbanks. Muchos recién llagados se quedaron en Alaska, y ayudaron en su desarrollo para alcanzar el estatus de estado.

Bombardero de ataque A-20 en una pista de aterrizaje de Nome, Alaska

En el siglo XIX, lo mismo que a Alaska, a Hawai se podía llegar solamente por mar o por avión. Pero a diferencia de Alaska, Hawai tenía una población organizada y una economía próspera. Los comerciantes norteamericanos habían seguido a los misioneros después de 1820 y empezaron una lucrativa industria de azúcar. Para la década de 1840, cinco de cada seis barcos que llegaban a las islas eran de los Estados Unidos. Las empresas norteamericanas respaldaron una revolución que destronó a la reina de Hawai. Le pidieron al gobierno de Estados Unidos que **anexara** a Hawai, y el gobierno hizo las islas hawaianas territorio de EE. UU. en 1898.

Aunque la caña de azúcar no es una planta nativa de Hawai, se convirtió en un producto de exportación muy importante para Hawai.

Siendo ya territorio, la producción de azúcar aumentó de 150,000 toneladas (136,000 toneladas métricas) por año en 1895 hasta 426,000 toneladas (386,300 toneladas métricas) en 1904. James D. Dole fue a Hawai en 1899, y a los dos años estableció la empresa *Hawaiian Pineapple Company*. Uno de sus empleados, Henry Ginaca, diseñó una máquina que podía pelar, quitar el centro y rebanar

Solemos creer que la piña es un símbolo de Hawai, pero no es una planta oriunda de Hawai.

¡100 piñas por minuto! Para 1912, Dole estaba produciendo un millón de cajas de piña enlatada al año.

Los **legisladores** de EE. UU. vacilaron en admitir a Hawai como estado en los primeros años. La mayoría de los norteamericanos se oponían a la inmigración asiática. En 1890, la población de Hawai incluía casi el 22% de chinos y el 20% de japoneses. Eran trabajadores que habían traído los cultivadores de la caña de azúcar. A principios del siglo XIX, con la adquisición de las Islas Filipinas después de la Guerra Hispanoamericana, las empresas estadounidenses también empezaron a traer grandes cantidades de filipinos para el sembrado y la cosecha

Muchos inmigrantes llegaron a Hawai desde Japón. Esto condujo a una gran población japonesa-americana en Hawai.

de la caña de azúcar.

En 1900, el Congreso formó un gobierno territorial con legislatura elegida, rama **judicial** y gobernador designado por el presidente de EE. UU. Hawai podía mandar un diputado, sin derecho de voto, a la Cámara de Representantes. En cuarenta años, la población de Hawai aumentó de 154,000 a 428,000. Sus ciudadanos votaron a favor de ser estado varias veces, pero el Congreso rechazaba sus intentos. Existían fuertes sentimientos antiasiáticos, y mucha gente se rehusaba a comprar azúcar debido al **prejuicio**.

Los asiáticos nacidos en Hawai eran ciudadanos de Estados Unidos, y tenían el derecho a votar a los 21 años. Durante las décadas de 1920 y 1930, muchísimos asiático-americanos alcanzaron la edad de votar y se presentaron como candidatos a cargos territoriales. Las industrias del azúcar y de la piña habían fortalecido la economía de Hawai, y los cultivadores pagaban considerables impuestos federales. Entre 1900 y 1937, Hawai envió $144 millones más a los Estados Unidos de lo que recibió en beneficios.

Cinco empresas americanas controlaban las industrias del azúcar y de la piña, al igual que las líneas de transportes marítimos, conocidas como las "Cinco Grandes", que estaban integradas por: Castle & Cooke (Dole), Alexander & Baldwin, American Factors, Theodore H. Davies Co. y C. Brewer & Co. Las Cinco Grandes abogaron por la estadidad, que permitiría que Hawai representara sus intereses en el Congreso. La Cámara de Representantes planeó las primeras sesiones para tratar su reconocimiento como estado en 1935.

Al igual que Alaska, Hawai se consideraba de mayor importancia en la defensa de Estados Unidos. Para 1940, había llegado a ser uno de los sitios militares más fortificados de EE. UU. La marina de guerra mudó el cuartel general de la Flota del Pacífico al puerto Pearl Harbor en la isla de Oahu. Construyó fuertes para proteger los buques y, en 1940, había 43,000 militares en las islas.

Pearl Harbor es un puerto en el interior de una laguna en la isla de Oahu, Hawai. La mayor parte del puerto y de los terrenos circundantes es una base naval de aguas profundas de la Marina de EE. UU.

El presidente Franklin Roosevelt (1882–1945) firmando la declaración de guerra contra Japón

El 7 de diciembre de 1941, bombarderos japoneses lanzaron un ataque contra la flota en Pearl Harbor. Ese día, el presidente Franklin Roosevelt solicitó del Congreso la declaración de guerra contra Japón. El Congreso no vaciló. En octubre, la legislatura de Hawai trató de prevenir que el Congreso tomara control de las islas, pero se les impuso la **Ley marcial**. El Congreso y los votantes norteamericanos temían que los 158,000 japonés-americanos en Hawai pudieran ayudar al enemigo.

Bombardeo del USS Shaw en Pearl Harbor, el 7 de diciembre de 1941

Aunque una comisión determinó que ningún hawaiano o japonés-hawaiano estuvo involucrado en el bombardeo de Pearl Harbor, no se levantó la Ley marcial hasta octubre de 1944. Se le tomaron las huellas digitales a cada uno en Hawai, y fueron puestos bajo supervisión militar. El gobierno leía el correo y monitorizaba las llamadas telefónicas. Estuvo en vigor todas las noches un toque de queda general y el oscurecimiento de las islas para que no fueran visibles desde los aviones enemigos. La empresas y tiendas se rehusaron a abastecer a los japonés-hawaianos, y muchos de ellos perdieron sus empleos.

Aunque unos 1,000 japoneses fueron llevados a campos de **internamiento** en el continente, la mayoría de los japoneses y japonés-americanos de Hawai no fueron trasladados. Los líderes de la política, del comercio y de la fuerza armada se empeñaron en minimizar el impacto sobre la población de Hawai. Aunque tuvieron que entregar objetos personales como radios de onda corta y armas de fuego, no se les trató tan mal como a los japoneses en el continente durante la Segunda Guerra Mundial.

Desafortunadamente, la desconfianza hacia los japoneses provocó que los EE.UU. obligara a muchos japoneses y japonés-americanos a vivir en campos de internamiento.

EL 442° REGIMIENTO DE COMBATE

A la mayoría de los japonés-americanos no se les permitía servir en las fuerzas armadas, pero un grupo de ellos llegó a integrar una famosa unidad de combate: el 100.° Batallón de Infantería. Uno de sus miembros, Sakae Takahashi, dijo: "Estamos luchando en dos guerras, una por la democracia estadounidense, y la otra en contra del prejuicio contra nosotros en los Estados Unidos". En 1943, se integró otra unidad japonesa-americana, el 442.° Regimiento de Combate. Estas unidades combatieron en Europa, y recibieron más condecoraciones que ninguna otra unidad durante la guerra. En enero de 1944, se eliminaron las restricciones en cuanto a los japonés-americanos.

Miembros del Equipo de Combate del 442.° Regimiento saludan la bandera.

Ya en junio de 1944, la población de Hawai había aumentado a 859,000. Más del 47% de estas personas trabajaban en las fuerzas armadas. También llegaron muchísimos obreros civiles de la construcción a construir caminos, edificios, campos de aviación y torres de radio. Sin embargo, debido a la Ley marcial, se habían congelado los salarios. Al darse cuenta de que los recién llagados estaban consiguiendo mejores trabajos, los hawaianos se decidieron a cambiar la situación. Aunque en 1946, el 60% de los estadounidenses estaba a favor de que se reconociera a Hawai como estado, este tuvo que trabajar muy duro para conseguirlo durante otros 13 años. Al fin, el éxito de Hawai sería vinculado con los esfuerzos de Alaska, 2,500 millas (4,023 kilómetros) al norte, por conseguir su reconocimiento como estado.

En 1946, parecía que, debido a sus contribuciones a la defensa norteamericana, Alaska y Hawai iban a convertirse en estados, pero intervino la **Guerra Fría**. Los trabajadores de Hawai habían organizado sindicatos. Algunos líderes de los sindicatos simpatizaban con el **Partido Comunista** y esto condujo a que se reforzaran las sospechas en el continente de que los asiáticos americanos no eran leales.

Alaska le ayudó a Hawai a superar estos obstáculos al dar pasos agresivos hacia la estadidad. Lógicamente, Estados Unidos no podía admitir a uno sin admitir al otro. Alaska redactó y **ratificó** una constitución estatal en 1955-56. Al fin, en 1958-59, el Congreso aprobó la entrada de Alaska como estado No. 49 y la de Hawai como No. 50. El presidente Dwight D. Eisenhower firmó los dos proyectos de ley que después fueron endorsados por los votantes de cada territorio. Los votantes de Alaska aprobaron ser estado por 5 a 1, y los de Hawai por 17 a 1.

Capítulo 3

La Guerra Hispanoamericana

España había perdido su vasto imperio americano durante la primera mitad del siglo XIX. Ya en 1898, le quedaban únicamente Cuba y Puerto Rico. Pero aún le pertenecían las Islas Filipinas, Guam y otras colonias en el océano Pacífico como las Islas Carolinas y las Marshall.

Cuba está a un poco más de 100 millas (160 km) al sur-suroeste de Florida, y Puerto Rico queda como 1,000 millas (1,600 km) al suroeste de la Florida. Estados Unidos se había convertido en el mercado más grande del azúcar de Cuba. Le compraba casi el 70% de su cosecha anual. Sociedades anónimas americanas habían invertido muchísimo dinero en plantaciones, minas, ferrocarriles y otras industrias. En más de una ocasión, Estados Unidos había intentado comprarle Cuba a España porque estos hombres de negocios querían proteger sus intereses. En 1848, el presidente James K. Polk le ofreció $100 millones, pero España se rehusó.

Casi un tercio de la superficie de Cuba está cubierto por enormes montañas. El resto, como esta zona de Santa Clara, Cuba, es principalmente llanuras planas.

Puerto Rico era otro importante productor de caña de azúcar, café y tabaco. Hartos ya de la represión española y de sus impuestos, los puertorriqueños y los cubanos se rebelaron en 1868. Las tropas españolas pronto acabaron con el levantamiento en Puerto Rico, pero los rebeldes cubanos continuaron realizando una guerra de guerrillas que duró una

A pesar de que el café no es una planta nativa de Puerto Rico, es un importante producto de exportación. El secado del café, según lo representado aquí, es un paso importante en la producción de café para la exportación.

década. España intentó mejorar las condiciones aboliendo la esclavitud y prometiendo otras reformas, pero no cumplió sus promesas.

Durante la Guerra Hispanoamericana, soldados cubanos combaten a los españoles cerca de Pinar del Río, Cuba.

EL PERIODISMO AMARILLO

Los periódicos de Joseph Pulitzer incluían una historieta llamada "El Chico Amarillo" *(The Yellow Kid)*. Más tarde los periódicos de Hearst publicaban otra versión de la historieta. A veces la tinta amarilla que se usaba para dar color a la ropa del Chico Amarillo embarraba otras páginas. Este color se vinculó con el reportaje sensacionalista, y con los editoriales imprudentes de los que eran partidiarios ambos periódicos. A este estilo se le dio el apodo de "prensa amarilla".

Joseph Pulitzer
(1847–1911)

Para que los campesinos cubanos no apoyaran a los rebeldes, el gobernador español los encerró en campos de concentración. Más de 100,000 personas murieron de enfermedades, hambre y castigos en estos campos. Los periódicos norteamericanos informaron sobre la brutalidad de España, y exhortaron la **intervención** de los Estados Unidos. Publicaciones competidoras, especialmente el *New York Journal*, periódico de William Randolph Hearst, y el de Joseph Pulitzer, el *New York World*, sensacionalizaron los reportajes para vender más periódicos. A estos periódicos se les llamaba "prensa amarilla".

William Randolph Hearst (1863–1951)

Los hombres de negocio norteamericanos querían a España fuera del Caribe, y presionaron al Congreso a declararle la guerra. El presidente McKinley no quería guerra, pero un acontecimiento inesperado en febrero de 1898 le hizo cambiar de parecer. El hecho fue el hundimiento de un acorazado, el *USS Maine*.

Restos del USS Maine después de que se hundiera en La Habana, Cuba

El Maine estaba en La Habana con permiso del gobierno español. El 15 de febrero de 1898, misteriosamente explotó, y se hundió. Murieron 260 hombres. Los periódicos afirmaron que tenían pruebas de que España había hundido el buque. Aunque no se encontraron las pruebas, la mayoría de los norteamericanos estaban convencidos de que era cierto. Después se confirmó que la explosión probablemente fue causada por municiones almacenadas que se encendieron espontáneamente.

España hizo todo lo posible para evitar la guerra, pero después del hundimiento del Maine sus esfuerzos fueron inútiles. En abril, el Congreso autorizó al presidente a que entrara en la guerra. McKinley declaró sus intenciones de bloquear la costa septentrional de Cuba y, en respuesta, España declaró la guerra. El 14 de junio, 17,000 soldados estadounidenses desembarcaron en las costas cubanas. A las seis semanas, tropas de EE. UU. invadieron Puerto Rico, derrotando fácilmente a los españoles.

Mientras tanto, el presidente McKinley también había mandado tropas a las Filipinas. Este país de 7,083 islas (con solo 1,000 de ellas habitadas) en un área de 660,000 mi² (1,709,400 km²) del océano, tenía una población de aproximadamente 7 millones. El primero de mayo, el comodoro George Dewey atacó y derrotó a la flota española en Manila. El 18 de junio, el comandante filipino declaró la independencia. Mientras tanto, otros tres buques de EE. UU. se apoderaron de Guam, que está 1,600 millas (2,575 km) al este de Manila. Estados Unidos también reclamó la Isla Wake en 1898, y después construyó una estación de telégrafo para la comunicación entre San Francisco y las Filipinas. Guam y Wake están en línea directa entre las Filipinas y California, y se consideraron puntos estratégicos para la defensa.

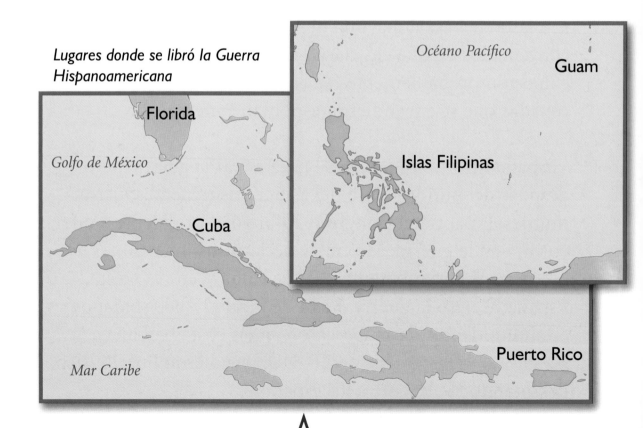

Lugares donde se libró la Guerra Hispanoamericana

Florida

Golfo de México

Cuba

Mar Caribe

Puerto Rico

Océano Pacífico

Guam

Islas Filipinas

Tropas estadounidenses animadas por la noticia de la caída de Santiago

Se terminó la guerra el 4 de julio de 1898, cuando Estados Unidos derrotó a la flota española en Santiago de Cuba. Había durado apenas cuatro meses. El 16 de julio España cedió Cuba, y el día siguiente se izó la bandera de Estados Unidos en Santiago de Cuba. Estados Unidos y España firmaron el Tratado de París en diciembre. Estados Unidos se apoderó de Puerto Rico, Guam y las Filipinas, y le pagó $20 millones a España por las Filipinas. Aunque el tratado oficialmente le concedía a Cuba su independencia, Estados Unidos instaló un gobierno militar que duró hasta mayo de 1902.

Las fuerzas de Estados Unidos sufrieron 5,462 bajas, pero solo 379 de estas fueron debido a heridas en batalla. La mayor parte de las otras muertes resultaron de enfermedades como la malaria. Los comerciantes norteamericanos, entre los que estaban especuladores en acciones, agentes de bienes raíces, aventureros y promotores, se lanzaron a Cuba con intenciones de hacerse ricos. La empresa United Fruit Company llegó a dominar la industria del azúcar. Para 1901, Bethlehem Steel y otras empresas norteamericanas tenían el control del 80% de los minerales de Cuba.

Theodore Roosevelt (1858–1919), a la izquierda, y el General Leonard Wood (1860–1927)

En 1901, Estados Unidos ratificó la Enmienda Platt que se incorporó en la nueva constitución cubana. Esta le otorgó a los Estados Unidos el derecho de intervenir en los asuntos cubanos y de establecer bases navales en su territorio. En 1901, el general Leonard Wood le escribió al presidente Theodore Roosevelt: "Bajo la Enmienda Platt, queda, por supuesto, poco o nada de la independencia en Cuba". Bajo esta enmienda, Estados Unidos estableció la Bahía de Guanántamo y, una base naval en la costa suroeste de Cuba.

Después de la guerra, Estados Unidos, que antes había sido una colonia, ahora se encontró con que tenía el poder colonial. Esto resultó en parte por la **Doctrina Monroe** de 1823, que afirmaba que Estados Unidos no toleraría el colonialismo europeo en las Américas. En 1904, el presidente Roosevelt dijo que Estados Unidos tenía el derecho y el deber de ejercer el "poder judicial internacional" en América Latina para corregir "casos flagrantes de maldad". Esto se llegó a conocer como la política del "gran garrote".

EL ACCESO A LOS MERCADOS EXTRANJEROS

Varios años después de la Guerra Hispanoamericana, un funcionario del Departamento de Comercio de Estados Unidos escribió: "Las razones fundamentales del sentimiento popular... [con relación a la defensa de la libertad en Cuba] fueron nuestras relaciones económicas con las Antillas Occidentales y con las repúblicas de Suramérica... Se consideró necesario que no solo encontráramos mercados para nuestros productos, sino que brindáramos una manera fácil, económica y segura de acceder a los mercados extranjeros".

Para 1898, Estados Unidos vendía el 10% de su producto, con un valor de un billón, en el extranjero. Por mucho tiempo, los productos agrícolas, especialmente el tabaco, algodón y trigo, habían dependido de los mercados internacionales. Durante las últimas dos décadas del siglo XIX, el petróleo se convirtió en la principal exportación. Para 1891, la Standard Oil Company controlaba el 70% del mercado mundial del queroseno. A medida que los mercados extranjeros se relacionaban con la prosperidad del pueblo norteamericano, este adoptó una actitud más positiva hacia el **imperialismo**.

El petróleo de los pozos de la costa de California fue un importante renglón de exportación.

Ahora el Congreso tenía que resolver cómo definir y administrar sus territorios. Estableció dos tipos de territorios: los incorporados y los no incorporados. En el primero, los habitantes tenían los mismos derechos que los ciudadanos de EE. UU. En el segundo, el Congreso juró respetar los derechos fundamentales de los pueblos nativos, pero no considerarlos iguales a los ciudadanos de EE. UU.

¿QUÉ HAREMOS CON LAS FILIPINAS?

El dominio de las Filipinas permitió un mayor control sobre el Lejano Oriente y el acceso al inmenso mercado chino. El presidente McKinley justificó su política diciendo: "No se las podíamos devolver [las islas] a España —hubiera sido una cobardía y un deshonor. No se las podíamos entregar a Francia o a Alemania, nuestros rivales comerciales en el Oriente —eso hubiera sido un mal negocio y una pérdida de pretigio. No podíamos dejar que se valieran por sí mismas —eran incapaces de autogobernarse... No nos quedó más remedio que

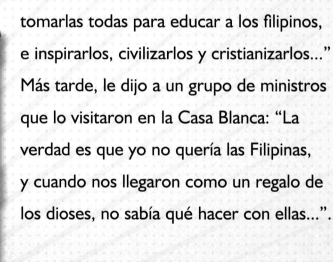

tomarlas todas para educar a los filipinos, e inspirarlos, civilizarlos y cristianizarlos..." Más tarde, le dijo a un grupo de ministros que lo visitaron en la Casa Blanca: "La verdad es que yo no quería las Filipinas, y cuando nos llegaron como un regalo de los dioses, no sabía qué hacer con ellas...".

William McKinley (1843–1901)

Puerto Rico fue declarado "territorio no incorporado". Los puertorriqueños no se consideraban ciudadanos de EE. UU., pero sí tenían derecho a la protección norteamericana. El Congreso de EE. UU. y el gobernador designado por el gobierno federal podían vedar leyes ratificadas por la legislatura de Puerto Rico. En 1917, los puertorriqueños llegaron a ser ciudadanos de EE. UU. con derechos a escoger sus propios legisladores.

Cuando los filipinos se dieron cuenta de que el Tratado de París le dio posesión de su territorio a Estados Unidos, se rebelaron. Estados Unidos demoró cuatro años en controlar el levantamiento. Murieron 20,000 filipinos en combate y otros 250,000 murieron de hambre y enfermedades. También murieron 5,000 norteamericanos. En 1902, las Filipinas llegó a ser un territorio no incorporado. Al formarse un gobierno estable, el Congreso le dio su independencia a las Filipinas en 1916. Pero, con excepción de los tres años que permanecieron ocupadas por los japoneses durante la Segunda Guerra Mundial, la bandera norteamericana ondeó sobre Manila hasta 1946, cuando nació la República de las Filipinas.

Algunos norteamericanos se oponían al imperialismo porque no creían que estaba en conformidad con la democracia. Afirmaban que ni las naciones ni las culturas debían ser tomadas simplemente porque fueran débiles. En 1898, se formó la Liga Antimperialista con 500,000 miembros. La misma publicó cartas e informes acerca de la cruel conducta de los soldados estadounidenses en las Filipinas.

Después de que Hawai fue anexado, el presidente McKinley dijo que un canal a través del **Istmo de Panamá** sería esencial para el comercio. Al ser asesinado McKinley, Theodore Roosevelt llegó a la presidencia en 1901. A los dos años, Roosevelt ayudó a unos revolucionarios en el istmo a separar a Panamá, una provincia colombiana, de Colombia. Luego, negoció un tratado con la República de Panamá que le permitió a Estados Unidos construir y mantener un canal que conectara los océanos, Atlántico y Pacífico, en una "Zona del Canal" de 10 millas (16 km) de ancho. Bajo el tratado, Panamá se convirtió esencialmente en colonia de Estados Unidos a cambio de $10 millones y un pago anual a Panamá. El canal se inauguró en 1914, y Estados Unidos le entregó la Zona del Canal a Panamá en 1999.

El uso de las excavadoras de vapor y de vagones hicieron posible la excavación del Canal de Panamá.

Otro territorio en el Mar Caribe, las Islas Vírgenes Americanas, fue comprado a Dinamarca por $25 millones en 1917. Este incluye tres de las nueve islas principales –St. Croix, St. Thomas y St. John– y como unos 50 islotes pequeños. Las otras seis islas de la cadena, junto con 25 islotes, le pertenecen a Gran Bretaña. En las Islas Vírgenes Americanas, que son muy populares entre los norteamericanos para ir de vacaciones, habitan unas 109,000 personas. Aproximadamente el 70% de los isleños trabajan en industrias relacionadas con el turismo. Desde 1927 son ciudadanos de EE. UU. Eligen su propio gobernador y una sola cámara legislativa, y tienen un diputado sin derecho al voto en el Congreso.

El Parque Nacional de las Islas Vírgenes se encuentra en la isla de San Juan, e incluye más de 7,000 acres (2,832 hectáreas) de tierra y hermosas playas.

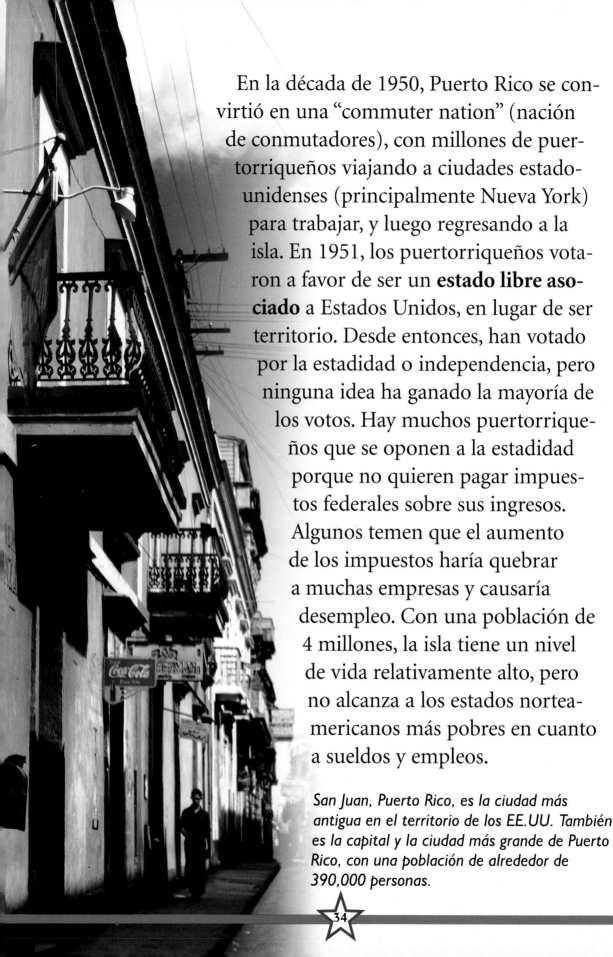

En la década de 1950, Puerto Rico se convirtió en una "commuter nation" (nación de conmutadores), con millones de puertorriqueños viajando a ciudades estadounidenses (principalmente Nueva York) para trabajar, y luego regresando a la isla. En 1951, los puertorriqueños votaron a favor de ser un **estado libre asociado** a Estados Unidos, en lugar de ser territorio. Desde entonces, han votado por la estadidad o independencia, pero ninguna idea ha ganado la mayoría de los votos. Hay muchos puertorriqueños que se oponen a la estadidad porque no quieren pagar impuestos federales sobre sus ingresos. Algunos temen que el aumento de los impuestos haría quebrar a muchas empresas y causaría desempleo. Con una población de 4 millones, la isla tiene un nivel de vida relativamente alto, pero no alcanza a los estados norteamericanos más pobres en cuanto a sueldos y empleos.

San Juan, Puerto Rico, es la ciudad más antigua en el territorio de los EE.UU. También es la capital y la ciudad más grande de Puerto Rico, con una población de alrededor de 390,000 personas.

Capítulo 4

Islas del Pacífico: territorio de EE. UU. en fideicomiso

Después de la Guerra Hispanoamericana, en el océano Pacífico, le quedaron a España las Islas Carolinas y las Marshall. España se las vendió a Alemania en 1899, pero Alemania las perdió frente a Japón en la Primera Guerra Mundial. Después de la Segunda Guerra Mundial, las Naciones Unidas las hizo parte del Territorio Confiado a EE. UU. en las islas del Pacífico.

Este "Territorio Confiado" consta de unas 2,100 islas a lo largo de una vasta extensión de agua. También llamado Micronesia, este se extiende por un área del ancho de Estados Unidos continental. Lo forman tres archipiélagos mayores, las Islas Marshall, las Islas Carolinas y las Islas Marianas. Para administrarlo, fue dividido en seis distritos: las Marshalls, Ponape, Truk, las Marianas, Yap y Palau, y después, Kusaie.

Las Islas Marshall están hechas de dos cadenas de pequeñas islas y atolones de coral lo que hace esencial el viaje en embarcaciones.

Pruebas de armas nucleares en la isla de Bikini

La cadena de las Islas Marshall tiene 70 mi² (181 km²) de **atolones** y arrecifes que cubren 4,500 mi² (11,655 km²) del océano. En las décadas de 1940 y 1950, Estados Unidos realizó pruebas de más de 60 armas nucleares. Esto causó la muerte por intoxicación radioactiva de docenas de personas. Las islas Bikini y **Eniwetok** tuvieron que ser evacuadas. Cientos de personas fueron trasladadas del **Atolón** Kwajalein para realizar pruebas con **misiles balísticos intercontinentales**. Se les permitió a los isleños regresar en 1970. En 1978, los evacuaron de Bikini de nuevo porque las pruebas de sangre dieron resultados positivos de peligrosos niveles de radiación.

Ferdinando de Magallanes les dio el nombre de "Islas de los Ladrones" a las Islas Marianas en 1521, por un desafortunado encuentro con unos nativos. Guam, la más grande de las Islas Marianas, es un territorio organizado, no incorporado de Estados Unidos. No se considera parte de las Islas Marianas del Norte. La marina de EE. UU. (US Navy) administró Guam hasta 1949, excepto durante la Segunda Guerra Mundial, cuando los japoneses ocuparon la isla desde 1941 hasta 1944. Ahora, bases de la marina y de la fuerza aérea ocupan un tercio del territorio, y más de 23,000 de los 106,000 habitantes de Guam son personal militar de EE. UU.

El Territorio Confiado, bajo mandato de las Naciones Unidas, a EE. UU. se abolió en 1990. En los años antes y después de esta fecha, islas y grupos de islas formaron una variedad de vínculos con Estados Unidos. Cada distrito votó por el tipo de estatus que prefirió. Actualmente, estas islas son cuatro distritos con autogobierno según lo siguiente:

1. Las Islas Marianas del Norte forman un estado libre asociado a Estados Unidos. Los residentes son ciudadanos de EE. UU.

2. Kusaie (ahora Kosrae), Ponape (ahora Pohnpei), Truk (ahora Chuuk) y Yap se unieron en los Estados Federados de Micronesia.

3. Las Islas Marshall y

4. Palau (Belau) decidieron ser repúblicas.

Islas del océano Pacífico que son territorios de los EE. UU. o tienen pactos de libre asociación con los EE. UU.

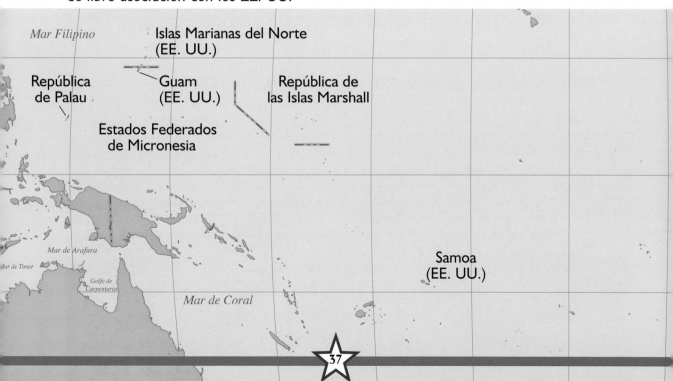

Las Islas Mariana se forman a partir de las cumbres de 15 montañas volcánicas.

Con la excepción de las Marianas, estos distritos tienen "convenios de asociación libre" con Estados Unidos. Permiten el autogobierno, pero existen beneficios de comercio, y su defensa está a cargo de Estados Unidos. Sus gobiernos reciben millones de dólares de Estados Unidos por el derecho de mantener bases militares allí.

Hay más de 900 islas en la cadena de las Carolinas. Palau, Ponape, Truk y Yap son las islas más grandes. El principal oficio es la pesca, y las exportaciones incluyen el **cacao**, la tapioca y el **bonito** seco. Palau ahora es un grupo de 200 islas, solo ocho de ellas habitadas, con autogobierno.

Aterrizaje militar de EE.UU. en Tinian, Islas Marianas en 1944

Como parte del acuerdo con las Naciones Unidas, Estados Unidos acordó promover la autosuficiencia de la gente de la región. Sin embargo, esta política, ha fracasado en gran parte. Por ejemplo, en años recientes los isleños de las islas Marshall han recibido un billón de dólares, y ahora dependen totalmente de los pagos de Estados Unidos. Miles de personas se han ido a Guam y a Hawai en busca de trabajo.

Samoa Americana, a unas 2,600 millas (4,180 km) al sur de Hawai, se adquirió en 1900. Es un territorio no organizado, y no incorporado, de EE. UU., que fue base de escala final de la Infantería de Marina de EE. UU. En la mayor parte tiene autogobierno, y sus habitantes son **nacionalizados**, no ciudadanos de EE. UU. El territorio mantiene relaciones comerciales principalmente con Estados Unidos, y su mayor exportación es el atún enlatado.

Estados Unidos también controla y administra otros grupos de islas pequeñas –las Islas Howland, Baker y Jarvis; el arrecife Kingman; y los Atolones Johnston, Pamyra, Wake y Midway– todos en el Pacífico.

Las 76 millas cuadradas (196 kilómetros cuadrados) de tierra que ocupa Samoa Americana está conformada de dos atolones de coral y cinco islas volcánicas.

La islas Baker, Howard y Jarvis fueron importantes durante el siglo XIX por el **guano**, que se usaba como fertilizante. La fuerza aérea usó el Atolón Johnston, a unas 700 millas (1,125 km) al suroeste de Hawai, para realizar pruebas de lanzamientos de misiles, y este está contaminado por la radioactividad. Además, las fuerzas armadas han destruido más de cuatro millones de libras de armas químicas en el Atolón Johnston desde 1990.

Los territorios de Estados Unidos le han ayudado a defenderse, especialmente en el Pacífico. Sin embargo, ahora todos los territorios se encuentran en peor situación que cualquier otro estado. Los derechos y privilegios de sus habitantes varían en grado, pero ninguno de ellos goza de un estatus democrático semejante al de los ciudadanos de Estados Unidos. El único territorio que tal vez logre la estadidad algún día es Puerto Rico. Pero, podría escoger quedarse como estado libre asociado o ser una nación independiente.

A través de los años, el Congreso ha hecho esfuerzos por recompensar a los territorios por su estatus desigual dándoles la ciudadanía a sus habitantes, asignándoles diputados al Congreso sin derecho al voto, cierto nivel de autogobierno, reduciéndole los impuestos, apoyándolos en el comercio y otros beneficios. Sin embargo, con la excepción de Puerto Rico, los esfuerzos por mejorar el estatus económico de los territorios han sido decepcionantes.

Las islas hoy en día

El Arrecife Kingman, aproximadamente a 1,000 millas (1,609 km) al sur de Hawai, es un área de defensa marítima y de espacio aéreo reservado de la marina de Estados Unidos. Su acceso está prohibido al público. Las dos islas de Midway, a unas 1,150 millas (1,850 km) al noroeste de Hawai, son conocidas por "la Batalla de Midway" en 1942, un momento decisivo en la Segunda Guerra Mundial. La base aérea y submarina de Midway se cerró en 1992. El Atolón Palmyra también fue base militar estadounidense durante la Segunda Guerra Mundial, y ahora está bajo el Departamento del Interior de EE. UU. La Isla Wake es un grupo de tres islas bajas con una base naval de EE. UU. activa.

Cada territorio de EE. UU. tiene una historia y una cultura singular, así como un fuerte deseo de controlar los efectos del desarrollo sobre esa cultura especial. Esto resulta difícil cuando las decisiones se toman en Washington, DC. Por ejemplo, después de la Segunda Guerra Mundial, Estados Unidos ocupó gran parte de la tierra agrícola de Guam para construir bases militares. Como resultado, la gente llegó a depender de alimentos importados, principalmente de Estados Unidos. Más de la cuarta parte de los guamanianos son empleados del gobierno. Si Estados Unidos dejara la isla, su economía se vería perjudicada seriamente. Mantener el equilibrio entre todos estos factores para alcanzar la estabilidad económica, la preservación cultural y la autodeterminación, es el reto actual para Guam y los otros territorios de EE. UU.

Biografías

Muchas personas jugaron un papel importante en todo este período de tiempo.

Magallanes, Fernando - (1480?-1521) Explorador portugués al servicio de España; descubrió las Filipinas en 1521 y fue asesinado allí por los nativos.

Polk, James K. - (1795-1849) 11.° Presidente de los Estados Unidos.

Seward, William H. - (1801-1872) Estadista estadounidense que ejerció como Secretario de Estado para el gobierno de Abraham Lincoln y de Andrew Johnson.

Johnson, Andrew - (1808-1875) 17.° Presidente de los Estados Unidos.

Dewey, George - (1837-1917) Héroe estadounidense de la Guerra Hispanoamericana, ascendido a almirante en 1899.

McKinley, William - (1843-1901) 25.° Presidente de los Estados Unidos.

Pulitzer, Joseph - (1847-1911) Periodista estadounidense y fundador de los premios Pulitzer.

Roosevelt, Theodore - (1858-1919) 26.º Presidente de los Estados Unidos.

Wood, Leonard - (1860-1927) El general que comandaba la 1.ª Caballería de Voluntarios en la Guerra Hispanoamericana, se desempeñó como gobernador militar de Cuba hasta 1902.

Hearst, William Randolph - (1863-1951) Editor estadounidense; dueño de 18 diarios, así como de revistas y estaciones de radio.

London, Jack - (1876-1916) escritor estadounidense, nacido como John Griffith.

Ginaca, Henry - (1876-1918) Diseñador de la máquina Ginaca, que procesa piña en conserva.

Dole, James D. - (1877-1958) Fundador de la *Hawaiian Pineapple Co.*

Roosevelt, Franklin - (1882-1945) 32.º Presidente de los Estados Unidos.

Eisenhower, Dwight - (1890-1969) 34.º Presidente de los Estados Unidos.

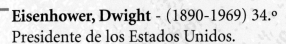

Takahashi, Sakae - (1919-2001) Miembro del 100.º Batallón de Infantería; ganador de la *Bronze Star* (Estrella de Bronce) y el *Purple Heart* (Corazón Púrpura).

Línea cronológica

1787
El Congreso ratifica la Ordenanza del Noroeste.

1823
El presidente James Monroe formula la Doctrina Monroe.

1862
El Congreso anima la expansión hacia el oeste al ratificar la Ley de concesión de territorios.

1893
Empresas estadounidenses apoyan una revolución que derroca a la monarquía de Hawai.

1899
España le vende las Islas Carolinas y Marshall a Alemania.

1902
El gobierno de EE. UU se retira de Cuba. Las Filipinas se convierten en territorio de EE. UU.

1904
El presidente Theodore Roosevelt declara que Estados Unidos tiene derecho a ejercer "el poder judicial internacional" en América Latina.

1916
El Congreso empieza el proceso de independizar a las Filipinas.

1927
Los habitantes de las Islas Vírgenes Americanas son ciudadanos de EE. UU.

1946
La República de Las Filipinas es nación independiente.

1959
Alaska y Hawai se convierten en los estados 49.º y 50.º.

1982
Los Estados Federados de Micronesia, Palau y las Islas Marshall firman convenios de asociación libre con Estados Unidos.

1820
Empresarios estadounidenses empiezan una industria del azúcar en las Islas Hawaianas.

1848
El presidentte James K. Polk ofrece $100 millones por Cuba, pero España rechaza la oferta.

1868
Estados Unidos le compra Alaska a Russia. Comienzan los levantamientos contra el colonialismo español en Puerto Rico y Cuba.

1898
El hundimiento del *USS Maine* causa la Guerra Hispanoamericana. Flotas de EE. UU. vencen a España en Cuba y las Filipinas. El Tratado de París de 1898-99 convierte a Estados Unidos en potencia colonial. Hawai es territorio de EE. UU.

1899-1900
Estados Unidos adquiere Samoa Americana.

1903
Se resuelve la disputa de la frontera entre Alaska y Canadá a favor de EE. UU. El presidente Theodore Roosevelt apoya a los rebeldes en liberar a Panamá de Colombia.

1906
Alaska es considerada un territorio.

1917
Los puertorriqueños son ciudadanos de EE. UU. Estados Unidos compra las Islas Vírgenes Americanas a Dinamarca.

1945-1950s
Estados Unidos lleva a cabo más de 60 ensayos de armas nucleares en las Islas Marshall.

1951
Puerto Rico es estado libre asociado a Estados Unidos.

1979
Truk, Yap, Ponape y Kusaie forman los Estados Federados de Micronesia.

1990
Las Naciones Unidas terminan la política de protección de las Islas del Pacífico. Palau y las Islas Marshall son repúblicas.

Estados Unidos y sus posesiones en 1900

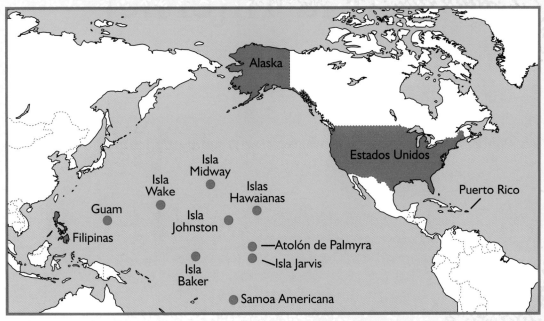

Adquisiciones territoriales estadounidenses

Estados Unidos: territorios y posesiones en 2013

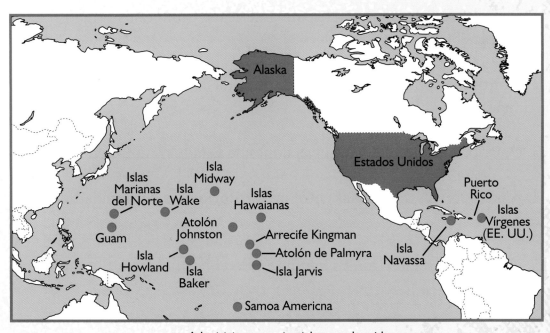

Adquisiciones territoriales estadounidenses

Sitios en la Internet

www.infoplease.com/World/Countries/United States

www.usa.gov/Topics/Travel

www.pbs.org/kera/usmexicanwar/war/wars_end_guadalupe.html

Demuestra lo que sabes

1. Describe cómo la Guerra Hispanoamericana cambió los Estados Unidos.

2. ¿Por qué la compra de Alaska fue conocida como "el desatino de Seward"?

3. Describe los intereses y las inversiones de Estados Unidos en Hawai.

4. ¿Cuáles son las diferencias entre un territorio, una comunidad y un estado?

5. ¿Cómo los Estados Unidos han utilizado el Pacífico para fines militares?

Glosario

anexar: tomar control de un territorio o país por la fuerza

apropiarse: tomar algo injustamente

atolón: isla de arrecife coralino en forma de anillo que circunda una laguna interior

bonito: tipo de pez, parecido al atún y a la caballa

cacao: semillas del árbol de cacao de Suramérica que se usan para hacer el chocolate

Confederación: alianza; el grupo de estados del sur de Estados Unidos que se separaron y lucharon contra las tropas de la Unión por la esclavitud

convenio: acuerdo o pacto entre dos o más partes

Doctrina Monroe: política exterior de Estados Unidos escrita por John Quincy Adams en 1823 y presentada al Congreso por el presidente James Monroe. Afirmaba que Estados Unidos no toleraría el colonialismo europeo en las Américas

Eniwetok: atolón en el noroeste de las Islas Marshall

estado libre asociado: asociación de estados independientes, frecuentemente ligada a una entidad de mayor tamaño que le provee ciertos beneficios como la defensa

guano: excremento de aves marinas que se usa como fertilizante

guerrilla: de la palabra española guerra, una persona que pelea en una guerra, frecuentemente no declarada, por medio del hostigamiento y el sabotaje

imperialismo: política y práctica de expandir la supremacía de una nación al adquirir terreno o al tomar el control de la vida política o económica de otras áreas; crear un imperio

inflación: excesiva emisión de billetes en relación con bienes y servicios que causa un aumento en precio.

internamiento: confinamiento de personas, especialmente en tiempo de guerra

intervención: intervenir con, o interferir en, las relaciones de, frecuentemente con la fuerza de amenaza

Istmo of Panamá: faja angosta de tierra que conecta América Central con Suramérica

judicial: relacionado con el sistema de tribunales de justicia

legisladores: miembros de un cuerpo que establece leyes

ley marcial: ley que entra en vigor cuando un cuerpo gobernante ocupa un territorio

misil balístico intercontinental: misil guiado durante el vuelo, que baja en caída libre y es capaz de atravesar un océano o continente entero

monopolio: ser dueño exclusivo o tener todo el control

nacionalizados: personas que están bajo la protección de una nación sin ser ciudadanos

nacionalismo: tener lealtad o apego excesivo a la propia nación hasta el punto de promover los intereses de esa nación ante todas las demás

Ordenanza del Noroeste: orden de Estados Unidos de 1787 que detallaba cómo las tierras colonizadas podían llegar a ser territorio o estado, y definió los derechos de los habitantes

Partido Comunista: partido político organizado que aboga por la posesión de bienes en común, haciéndolos disponibles cuando se necesiten, y por la eliminación de la propiedad privada

prejuicio: daño que resulta al tomar decisiones o al actuar sin saber todos los datos y que afecta a los derechos de alguien

territorio: área geográfica; un área bajo control de Estados Unidos con una legislatura separada pero que aún no es estado

Índice